星あかりの刺繍手帖
スタイルブック

はじめに

今に馴染む日本の暮らしを提案するブランド「星燈社」のやさしい図案を刺しゅうで
表現した「星あかりの刺繍手帖」シリーズ。

本書では、これらの図案を用いて暮らしに寄り添った生活雑貨をご提案します。

日本の四季から生まれる手描きならではのゆるやかな図案は、一針一針、心を込めて
仕上げる刺しゅうととてもよく馴染みます。毎日の生活に手づくりの温もりをプラス
して、心なごむ暮らしをはじめませんか。

星燈社
SEITOUSHA
since 2009

星燈社は、2009年にスタートした
「今の暮らしに馴染む、日本の衣食住」を
提案するブランドです。

星あかりのようにさりげなく日々に寄り添う
暮らしの脇役でありたいと考えています。

ホームページ　https://seitousha.ocnk.net/

Contents

参考作品◍は「星あかりの刺繍手帖」、参考作品◍は「星あかりの刺繍手帖2」に掲載されています。
あわせてご覧いただきますと、「星あかりの刺繍手帖」の世界観を心ゆくまでお楽しみいただけます。
詳しくは63頁をご覧ください。

「地刺し®」は戸塚刺しゅう研究所の登録商標です。

身だしなみの小物

ミニ刺しゅう枠
how to make p47

「木の実」

「すずらん」

「ほのか」

参考作品●

「こはる」

参考作品●

巾着袋
how to make p30

「やまぼうし」

巾着袋
how to make p31

「さざめき」

がま口ポーチ
how to make p34

「花飾り」

8

がまロカードケース

how to make p36

「日照り子」

「散歩道」

参考作品

ファスナーポーチ
how to make p38

「木いちご」

「ひめりんご」

参考作品●

ミニバッグ
how to make p40

「夜風」

コンパクトミラー
how to make p42

「うたかた」

「ミモザ」

参考作品

12

インテリアの小物

「のうぜんかずら」

オーナメント

how to make p44

「朝顔」

カルトナージュボックス
how to make p43

「音色」

「はまなす」

参考作品

14

ミニクッション
how to make p48

「十二花譜」

参考作品

「風船かずら」

食卓とキッチンの小物

ポットマット、コースター
how to make p50

なべつかみ
how to make p45

「どくだみ」

「ねぎぼうず」

マグネット

how to make p52

「霜」

「ことほぎ」

「三色だんご」

「かぞえ歌」

「雪中花」

「花手帖」

参考作品

針仕事の小物

ピンクッション
how to make p54

「花数字」

「花額装」

ニードルブック
how to make p55

「道草」

「窓辺」

「花格子」

ビスコーニュ
how to make p56

参考作品

机まわりの小物

フォトフレーム

how to make p60

「休日」

22

しおり
how to make p61

「のげし」

「ひだまり」

「押し花」

ブックカバー
how to make p58

参考作品

参考作品

23

「花筏」

「雪柳」

メッセージカード
how to make p62

刺しゅうをはじめる前に

本書の見方

◆ 図案中の解説は、ステッチ名（「・S」はステッチの略）、糸番号（3～4桁の数字）、糸の使用本数（（ ）内の数字）の順で表示し、ステッチ記号に矢印で示しています。ステッチ記号は、28頁の「ステッチの基礎」を参照してください。ただし、一部ステッチ記号とステッチ名を省略しているものもあります。

◆ 図案は全て実物大ですが、ステッチ記号は見やすいように大きめに描いてありますので、実際の刺し上がりは写真を参照してください。

◆ 刺す順番は、原則的には外側から刺しますが、輪郭や区切りの線は内側を刺し終えてから刺します。また、①②…の表記のあるところは、その順番で刺します。

◆ 地刺し図は、方眼1マスを布1目とし、ステッチ図は濃淡をつけて区別しました。刺し方は、①②…の順番で刺します。

＊ 美しく刺すために ＊

◆ 糸の引き加減はきつすぎずゆるすぎず、均一の調子で刺し、ステッチの大きさが揃うようにしましょう。

◆ 刺しているうちに針に付けた糸がねじれてくるので、よりを戻しながら刺しましょう。

◆ 失敗して何度もほどいた糸は、けば立って仕上がりが美しくありません。新しい糸に替えて刺しましょう。

◆ 裏側で糸を長く渡さないようにしましょう。先に刺したステッチを利用し、その中を通したり、からめたりして糸を渡します。

＊解説文中の材料で「コスモ」と明記のあるものは、発行日現在、コスモの商品として発売中の製品を示します。
　明記のないものは、その他の市販製品を示します。
　この本に関するお問い合わせは、小社編集部（TEL 03-3260-1859）までお願いします。

◆ 用　布 ◆

刺しゅう用としては、綿や麻のものが刺しやすく、取扱いが簡単ですが、目的に応じて布の種類や素材を選ぶことが必要です。
布目を数えながら刺す地刺しには、縦糸と横糸が同じ太さで等間隔に織られた、布目のはっきりした布が適しています。
手芸材料店では、刺しゅう用に織られた布が手に入ります。

◆ 刺しゅう針 ◆

刺しゅう用の針は穴が細長いところが特徴で、針の長さや太さはいろいろ揃っています。刺しゅうする布の材質や刺しゅう糸の本数によって、針の太さ、長さを使い分けます。地刺しなどのように布目を拾っていく場合は、先の丸いクロスステッチ針を使用すると刺しやすく、布の織り糸を割らずにきれいに仕上がります。

◆針と糸との関係 ◆

針の号数は、針の太さと長さを示しています。数が大きくなるほど、針は細く、短くなります。2本どり、4本どり、6本どりなど、糸の本数に合わせて、針を選びましょう。

コスモ フランス刺しゅう針		コスモ クロスステッチ針 （地刺し針）	
2号	6～8本どり	20号	6～10本どり
3号	4～5本どり	22号	4～6本どり
4号	3～4本どり	24号	2～3本どり
6号	1～2本どり	26号	1～2本どり

◆ 刺しゅう糸 ◆

一般的に使われる糸としては、25番刺しゅう糸と5番刺しゅう糸、シーズンズ刺しゅう糸、ラメ糸などがあります。一番よく使われる25番刺しゅう糸は、6本の細い糸がゆるくよられていて1本になっています。使用する時は、必要な本数に合わせて細い糸を1本ずつ抜き取って使います。使用する時は、下の「糸の扱い方」を参照し、使いやすいように準備し、必要な本数を1本ずつ抜き取って使います。

◆ 刺しゅう枠 ◆

ふつうは円形の枠を使います。大きさは様々ですが、8〜12cmのものが使いやすいでしょう。

◆ 糸の扱い方 ◆

25番刺しゅう糸は紙帯をはずし、輪に巻いた状態に戻します（①図）。

次に輪の中に手を入れ、糸の端と端をつまんで、からまないように輪をほどいていきます（②図）。ほどき終わって半分の長さになった糸を、さらに半分ずつ2回折り、全体を8等分の長さにしたら糸を切ります（③図）。切り終わった糸に糸番号の付いた紙帯を通しておくと、配色や糸を追加する時に便利です。糸を使う時は、面倒でも使用本数に合わせて1本ずつ糸を抜き、揃えて使用します。その時、糸の中央から抜くと、抜きやすいでしょう。1本ずつ抜くことによって、糸目が揃い、出来上がりが美しくなります（④図）。

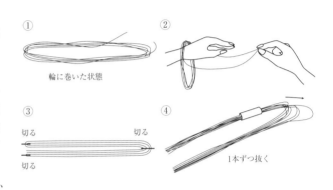

① 輪に巻いた状態

②

③ 切る 切る 切る

④ 1本ずつ抜く

◆ 糸を針に通す方法 ◆

針を片手に持ち、もう片方の手で糸の端を持ちます。糸を針の頭にあてたまま、糸を二つに折ります（①図）。親指と人指し指で糸の二つに折れた部分をしっかり挟み、針を抜いて糸に折り山を作ります（②図）。そのまま親指と人指し指を少し開いて糸の折り山をのぞかせ、糸を針の穴へ通します（③図）。

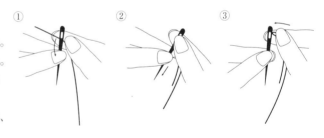

① ② ③

◆ 刺しはじめと刺しおわり ◆

刺しはじめ、刺しおわりとも、基本的に玉結びは作りません。刺しはじめは、途中で糸が抜けないように少し離れたところから針を入れ、糸端を7〜8cm残して、ステッチをはじめます。刺しおわりは裏に糸を出し、最後の針目の糸をすくい、同じように数回糸をくぐらせてから、糸を切ります。刺しはじめに残した糸にも針を通して、刺しおわりと同じように針目に糸をくぐらせてから糸を切ります。

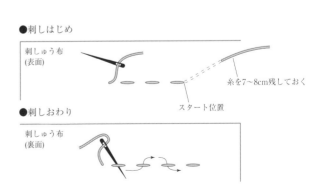

●刺しはじめ

刺しゅう布（表面）

糸を7〜8cm残しておく

スタート位置

●刺しおわり

刺しゅう布（裏面）

◆ 布の地直し ◆

布目のタテとヨコが垂直になるよう、霧を吹きかけながらアイロン(またはスチームアイロン)を当てます。

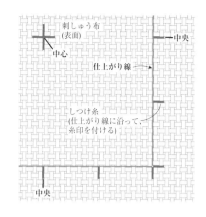

刺しゅう布
(表面)

中央

中心

仕上がり線

しつけ糸
(仕上がり線に沿って、
糸印を付ける)

中央

◆ 布の準備 ◆

地刺しなどの布目をかぞえながら刺す場合は、刺す時に布の目数を数えやすくし、間違いを防ぐために刺しゅう布に糸印を付けることをおすすめします。

特に大きな作品ほど入れておくと大変便利です。糸印は、刺しゅう布の仕上がり寸法の周りに沿って、しつけ糸でタテ、ヨコに同じように小さく付けておきます。さらに、中央と中央を結んだ中心に糸印を付けておくとよいでしょう。

◆ 仕上げ ◆

刺しゅう後の作品は、洗濯によって、多少型くずれするものもありますので、汚れが気にならないようなら、アイロンのみで仕上げてもよいでしょう。汚れた場合は、次項の「洗濯について」を参照し、洗濯します。

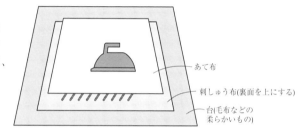

あて布

刺しゅう布(裏面を上にする)

台(毛布などの
柔らかいもの)

◆ 洗濯について ◆

刺しゅう糸がほつれてこないよう裏側の糸の始末を確認しましょう。洗濯は一度水につけてから中性洗剤を入れ、やさしく押し洗いをし、その後、水で何度もすすぎます。この時、万一余分な染料が出ても、あわてて水から出さずに、色が出るのが止まるまで、充分すいで洗い流します。脱水はたたんで軽く脱水機にかけるか、タオルに挟んで水分を取り、薄く糊づけします。乾燥は風通しの良い所で日陰干しをし、アイロンはステッチがつぶれないように毛布などの柔らかい物を台にして、裏から霧を吹きかけながら高温(摂氏180〜210度)で当てます。クリーニングに出す時はフッソ系のドライクリーニングが最も安全ですが、いずれにしても店とよく相談して下さい。

◆ 図案の写し方 ◆

＊図案の上にトレーシングペーパーなど透ける紙を重ねて、鉛筆で図案を写します。

＊次にこのトレーシングペーパーを布の上に置き、間に「刺しゅう用コピーペーパー」をはさみ、まち針等で固定します。

＊図案紙が破けないように、セロファン紙を図案の上にかぶせ、「転写用ペン」や「インクのなくなったボールペン」などで図案の線をていねいになぞります。

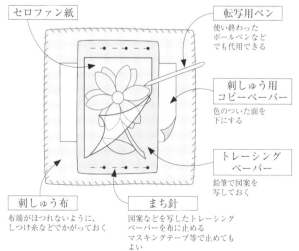

セロファン紙

転写用ペン
使い終わった
ボールペンなど
でも代用できる

刺しゅう用
コピーペーパー
色のついた面を
下にする

トレーシング
ペーパー
鉛筆で図案を
写しておく

刺しゅう布
布端がほつれないように、
しつけ糸などでかがっておく

まち針
図案などを写したトレーシング
ペーパーを布に止める
マスキングテープ等で止めても
よい

＊この本で使っているステッチの種類とその刺し方です。
解説中のステッチ記号は、各ステッチ名の横に示しました。

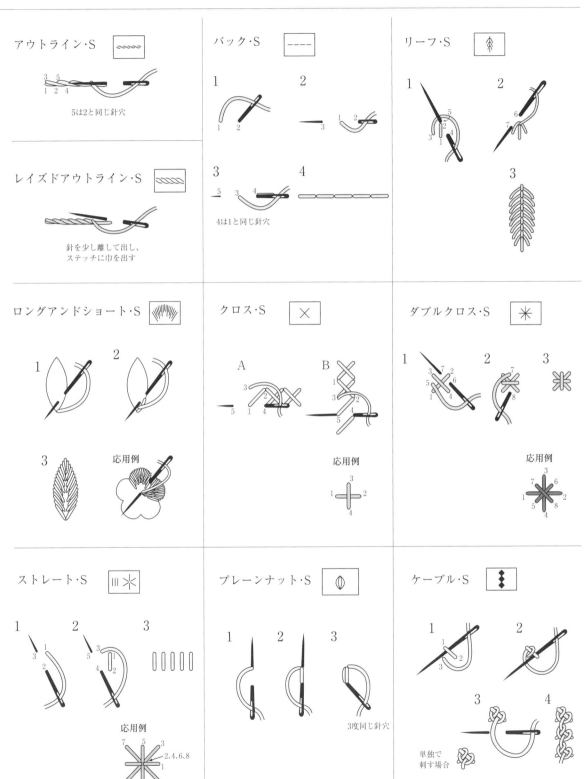

アウトライン・S

5は2と同じ針穴

レイズドアウトライン・S

針を少し離して出し、
ステッチに巾を出す

バック・S

1　2　3　4

4は1と同じ針穴

リーフ・S

1　2　3

ロングアンドショート・S

1　2　3　応用例

クロス・S

A　B　応用例

ダブルクロス・S

1　2　3　応用例

ストレート・S

1　2　3　応用例

プレーンナット・S

1　2　3

3度同じ針穴

ケーブル・S

1　2　3　4

単独で
刺す場合

チェーン・S

1　2　3

レゼーデージー・S

1　2　応用例

フレンチナット・S

1　2　糸を締める　3

針に糸を2回巻く　1のすぐそばに針を入れる

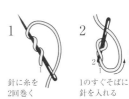

フレンチナットダーニング・S

1　2　糸を締める　3

針に糸を2回巻く　1から長さを付けて針を入れる

チェーンダーニング・S

1　2　応用例

針先を伸ばした場合

つづけて刺す場合

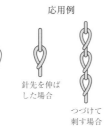

オープンレゼーデージー・S

1　2

ジャーマンナット・S ▲

1　2　3　4

サテン・S

1　下糸を粗く入れる　2

3　4

応用例
下糸をバック・Sで入れた場合　1　2

ボタンホール・S

1　2

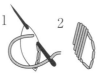

四角いジャーマンナット・S ■

3　4
1　2

3は1の上に出す

29

巾着袋 「やまぼうし」 口絵 p 6 ＊材料は、35頁に掲載

仕上がり線

四角いジャーマンナット・S
812(4)

ストレート・S 2500(3)

裁ち方図 単位：cm

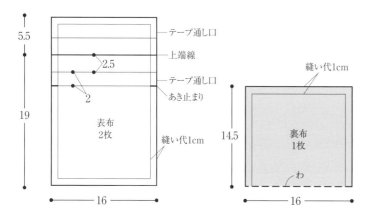

5.5

2.5

2

19

テープ通し口

上端線

テープ通し口

あき止まり

表布
2枚

縫い代1cm

16

縫い代1cm

14.5

裏布
1枚

わ

16

仕立て方

①表布前面に刺しゅうする
②①と表布後面を中表に合わせ、あき止まり
　から下を縫う
③裏布も②と同様にして内袋を作る
④②の縫い代を割り、上端線から外表に折り
　アイロンをかける
⑤④の袋口を上端線から折ってミシンを2本
　かけ、テープ通しを作る
⑥⑤を表に返し、上端の縫い代を折り込んだ
　③を入れ、ミシン目のきわにまつりつける
⑦⑥のテープ通しの上の部分(4ケ所)を、それ
　ぞれコの字とじで縫い合わせる(別図参照)
⑧テープ通し口に綿テープ(40cm×2本)を両
　側から通し、結ぶ

巾着袋 「さざめき」 口絵 p 7

材料
布 / コスモ1700番フリーステッチ用コットンクロス（1ブラック）ヨコ40×タテ30cm
　　裏布用木綿地　ヨコ20×タテ35cm
糸 / コスモ25番刺しゅう糸　グレー2154　白500　黒600
その他 / 6mm巾綿テープ（グレー）　1m
＊仕上がりサイズ：ヨコ14×タテ18cm

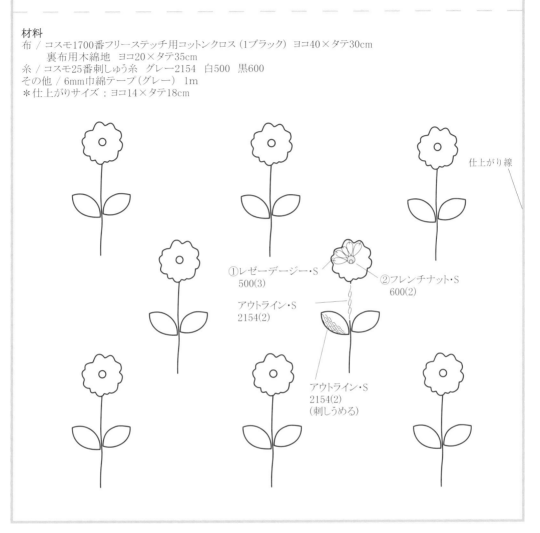

仕上がり線

①レゼーデージー・S
500(3)

アウトライン・S
2154(2)

②フレンチナット・S
600(2)

アウトライン・S
2154(2)
（刺しうめる）

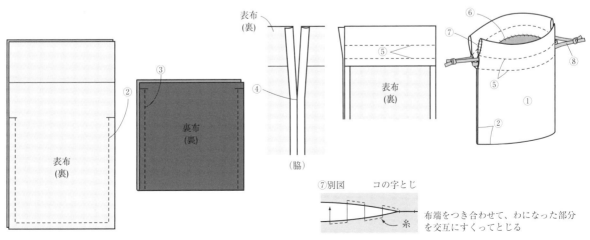

表布
(裏)

裏布
(裏)

表布
(裏)

表布
(裏)

（脇）

⑦別図　コの字とじ

布端をつき合わせて、わになった部分
を交互にすくってとじる

糸

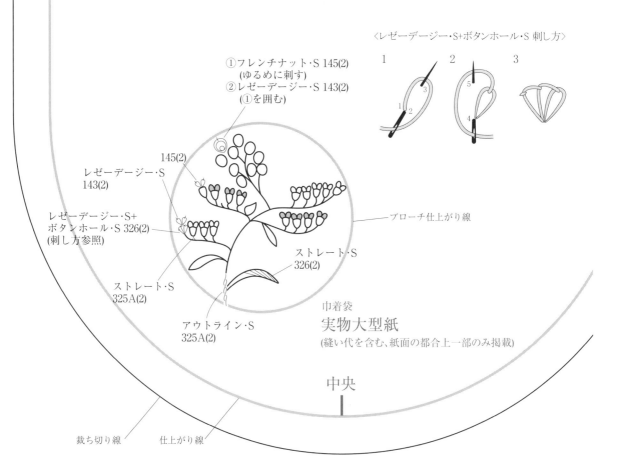

巾着袋、ブローチ「こはる」　口絵 p 5

〈巾着袋〉

材料

布 / コスモ1700番フリーステッチ用コットンクロス
　　（50ライトハニー）ヨコ40×タテ30cm
　　裏布用木綿地　ヨコ40×タテ20cm

糸 / コスモ25番刺しゅう糸
　　黄143・145　グリーン325A・326

その他 / 3mmツイストロープ（グリーン）　1m

＊仕上がりサイズ：ヨコ16×タテ21cm

〈ブローチ〉

材料

布 / コスモ1700番フリーステッチ用コットンクロス
　　（75モカベージュ）15×15cm

糸 / コスモ25番刺しゅう糸
　　黄143・145　グリーン325A・326

その他 / 市販の手芸用ブローチ台（55mm）1個

〈レゼーデージー・S+ボタンホール・S 刺し方〉

1　　2　　3

①フレンチナット・S 145(2)
　（ゆるめに刺す）
②レゼーデージー・S 143(2)
　（①を囲む）

145(2)

レゼーデージー・S
143(2)

レゼーデージー・S+
ボタンホール・S 326(2)
(刺し方参照)

ストレート・S
325A(2)

アウトライン・S
325A(2)

ストレート・S
326(2)

ブローチ仕上がり線

巾着袋
実物大型紙
(縫い代を含む、紙面の都合上一部のみ掲載)

中央

裁ち切り線　　仕上がり線

〈巾着袋〉

裁ち方図 単位：cm

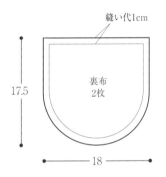

- テープ通し口
- 上端線
- テープ通し口
- あき止まり

6
22
18

表布
2枚

③
②

縫い代1cm

縫い代1cm

17.5
18

裏布
2枚

仕立て方

①表布前面に刺しゅうする
②①と表布後面を中表に合わせ、あき止まりから下を縫う
③裏布も②と同様にして内袋を作る
④②の縫い代を割り、上端線から外表に折りアイロンをかける
⑤④の袋口を上端線から折ってミシンを2本かけ、テープ通しを作る
⑥⑤を表に返し、上端の縫い代を折り込んだ③を入れ、ミシン目の
　きわにまつりつける
⑦⑥のテープ通しの上の部分(4ケ所)を、それぞれコの字とじで縫い
　合わせる(別図参照)
⑧テープ通し口にツイストロープ(40cm×2本)を両側から通し、結ぶ

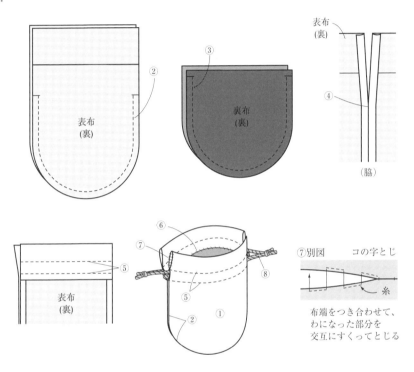

表布
(裏)

②

③

裏布
(裏)

表布
(裏)

④

(脇)

⑥
⑦
⑤
①
②
⑤
⑧

⑤

⑦別図　コの字とじ

糸

布端をつき合わせて、
わになった部分を
交互にすくってとじる

〈ブローチ〉

仕立て方 単位：cm

①表布に刺しゅうする
②2cmの縫い代を残して裁つ
③周囲をぐし縫いする
④③に付属する中板を入れて絞る
⑤④に糸を渡して絞り、形を整える
⑥⑤の裏にボンドを付けて台座に貼り付ける

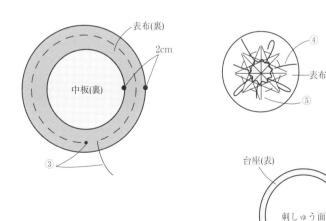

表布(裏)

2cm

中板(裏)

③

④

表布(表)

⑤

台座(表)

⑥

刺しゅう面

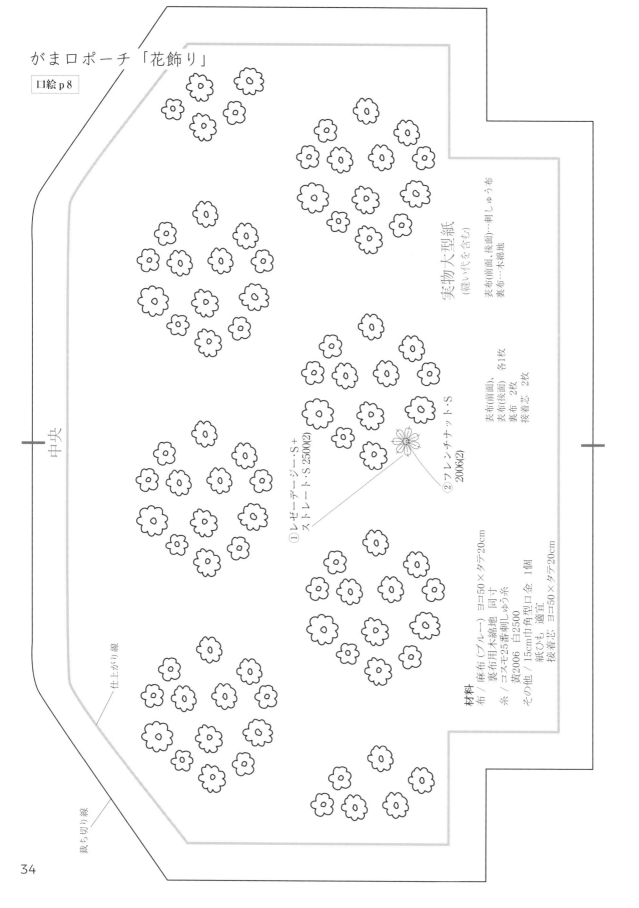

がま口ポーチ「花飾り」

中央

仕上がり線

裁ち切り線

実物大型紙
(縫い代を含む)

表布(前面、後面)…刺しゅう布
裏布…木綿地

表布(前面)、
表布(後面)　各1枚
裏布　2枚
接着芯　2枚

①レゼーデージー・S＋
ストレート・S 2500(2)

②フレンチノット・S
2006(2)

材料
布／麻布 (ブルー) ヨコ50×タテ20cm
　　裏布用木綿地　同寸
糸／コスモ25番刺しゅう糸
　　黄2006　白2500
その他／15cm丸角型口金　1個
　　　　紙ひも　適宜
　　　　接着芯　ヨコ50×タテ20cm

34

仕立て方

① 表布前面に刺しゅうする
② 表布前面、後面の裏側に接着芯を貼り、両脇と底を縫う
③ ②の縫い代を割り、印同士を合わせて縫いマチを作り
　（別図参照）、表に返す
④ 裏布も③と同様に縫う

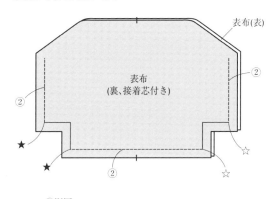

表布(表)

表布
(裏、接着芯付き)

③別図

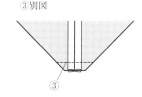

⑤ ③に④を入れ、
表布と裏布の縫い代を
外表に折り、合わせて
まつる

裏布(表)

表布(表)

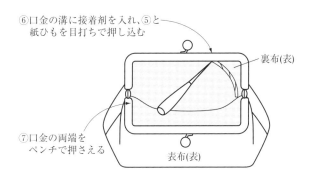

⑥ 口金の溝に接着剤を入れ、⑤と
紙ひもを目打ちで押し込む

裏布(表)

⑦ 口金の両端を
ペンチで押さえる

表布(表)

巾着袋「やまぼうし」 口絵 p 6

＊解説は、30頁に掲載

材料
布 / コスモ1700番フリーステッチ用コットンクロス
　　（33ピンク）ヨコ40×タテ30cm
　　裏布用木綿地 ヨコ20×タテ35cm
糸 / コスモ25番刺しゅう糸 ピンク812 白2500
その他 / 6mm巾綿テープ（白）1m
＊仕上がりサイズ：ヨコ14×タテ18cm

ニードルブック「花額装」 口絵 p 20

＊解説は、54頁に掲載

材料
布 / コスモ1700番フリーステッチ用コットンクロス
　　（41ターコイズグリーン）ヨコ20×タテ15cm
　　裏布用木綿地 同寸
糸 / コスモ25番刺しゅう糸
　　ブルー564 黄2005 白2500
その他 / 接着芯 ヨコ15×タテ10cm フェルト 同寸
　　　　直径1.5cmのボタン 1個
＊仕上がりサイズ：ヨコ7×タテ9cm

しおり 口絵 p 23   ＊解説は、61頁に掲載

「ひだまり」
材料
布 / コスモリネンテープNo.7252（50mm巾）（1白）
　　30cm
糸 / コスモ25番刺しゅう糸
　　ピンク106 黄2299 グリーン564・566 黄褐色
　　572 白2500

「のげし」
材料
布 / コスモリネンテープNo.7252（50mm巾）（3生成）
　　30cm
糸 / コスモ25番刺しゅう糸
　　黄褐色572 グリーン633 黄2005

がま口カードケース 口絵p9

「日照り子」

材料

布 / コスモ1700番フリーステッチ用コットンクロス
(31スモーキーブルー) ヨコ30×タテ15cm
裏布用木綿地 同寸
糸 / コスモ25番刺しゅう糸
ブルー2212 ピンク853
その他 / 7cm巾角型口金 1個
接着芯 ヨコ30×タテ15cm
紙ひも 適宜

実物大型紙 表布、裏布、接着芯 各2枚
(縫い代を含む) 表布…刺しゅう布
裏布…木綿地

仕立て方

①表布前面に刺しゅうする
②表布前面、後面の裏側に接着芯を貼り、両脇のあき止まり
より下と底を縫う
③②の縫い代と、あき止まりより上の縫い代を外表に折り、
アイロンで形を作ってから表に返す
④裏布も②、③と同様にするが中表のままにしておく

裁ち切り線

仕上がり線

あき止まり

リーフ・S 2212(2)

ストレート・S 2212(2)

アウトライン・S 2212(2)

ダブルクロス・S 853(2)

表布(表)

あき止まり

表布
(裏、接着芯付き)

③

②

③

裏布(表)

表布(表)

⑤③に④を入れ、
外表に合わせ、
まつる

⑥口金の溝に接着剤を入れ、
⑤と紙ひもを目打ちで押し込む

裏布(表)

表布(表)

⑦口金の両端を
ペンチで押さえる

「散歩道」

材料

布 / コスモ1700番フリーステッチ用コットンクロス
　　（41ターコイズグリーン）ヨコ30×タテ15cm
　　裏布用木綿地　同寸
糸 / コスモ25番刺しゅう糸
　　ブルー563　白500
その他 / 7cm巾角型口金　1個
　　接着芯　ヨコ30×タテ15cm
　　紙ひも　適宜

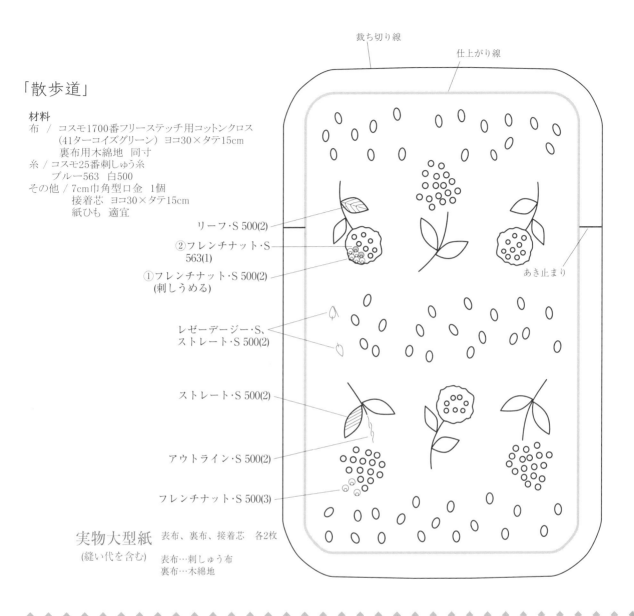

裁ち切り線

仕上がり線

あき止まり

リーフ・S 500(2)

②フレンチナット・S
563(1)

①フレンチナット・S 500(2)
（刺しうめる）

レゼーデージー・S、
ストレート・S 500(2)

ストレート・S 500(2)

アウトライン・S 500(2)

フレンチナット・S 500(3)

実物大型紙
（縫い代を含む）

表布、裏布、接着芯　各2枚
表布…刺しゅう布
裏布…木綿地

ファスナーポーチ 　口絵 p 10　 ＊解説は、次頁に掲載

「木いちご」

材料

布 / コスモ1700番フリーステッチ用コットンクロス
　　（31スモーキーブルー）ヨコ35×タテ20cm
　　裏地用木綿地　同寸
糸 / コスモ25番刺しゅう糸　赤857　ブルー983
　　コスモにしきいと（No.77)（解説中はNと表記）5
その他 / 接着芯　ヨコ30×タテ15cm
　　24cmのファスナー　1本
　　Cカン　1個　丸カン　1個

「ひめりんご」

材料

布 / コスモ1700番フリーステッチ用コットンクロス
　　（50ライトハニー）ヨコ35×タテ20cm
　　裏地用木綿地　同寸
糸 / コスモ25番刺しゅう糸
　　赤857　ブルー983
その他 / 接着芯　ヨコ30×タテ15cm
　　24cmのファスナー　1本

＊タッセルの作り方は、51頁に掲載

ファスナーポーチ 　口絵 p 10

「木いちご」

＊材料は、前頁に掲載

仕上がり線

裁ち切り線

実物大型紙
(縫い代を含む)

表布、裏布、
接着芯(縫い代不要)
各2枚

表布：刺しゅう布
裏布：木綿地

アウトライン・S
983(1)

フレンチナット・S
857(3)
(刺しうめる)

チェーンダーニング・S
983(2)

ジャーマンナットナット・S 983(2)

仕立て方 単位：cm

①表布前面に刺しゅうする
②①と、後面の裏に接着芯を貼る
③ファスナーの端を始末する

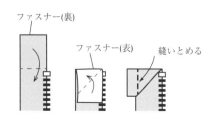

ファスナー(裏)

ファスナー(表)

縫いとめる

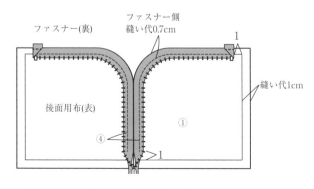

ファスナー(裏)

ファスナー側
縫い代0.7cm

1

後面用布(表)

縫い代1cm

①

④

1

④ファスナーを開いて、①と裏面用布それぞれに
端から1cmずつひかえて縫いつける

「ひめりんご」
＊材料は、37頁に掲載

表布、裏布、
接着芯(縫い代不要)
各2枚

表布：刺しゅう布
裏布：木綿地

リーフ・S
328(2)

ストレート・S
467(3)

ストレート・S
327(2)

実物大型紙
(縫い代を含む)

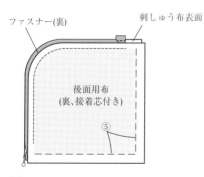

ファスナー(裏)

刺しゅう布表面

後面用布
(裏、接着芯付き)

⑤

⑤④を中表にしてのこりの2辺を縫い、
表に返しておく

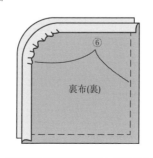

⑥

裏布(裏)

⑥裏布も同様に中表にして2辺を縫い、
あけ口は縫い代を折り、
アイロンで形を作る

⑦⑤の中に⑥を入れ込み、ファスナーの
きわに一周まつりつける
⑧ファスナーに丸カンでタッセルを付ける
(「木いちご」のみ)

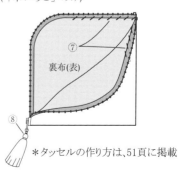

⑦

裏布(表)

⑧

＊タッセルの作り方は、51頁に掲載

ミニバッグ「夜風」 口絵 p 11

材料
布 / 麻布（薄ブルー）ヨコ70×タテ35cm、
　　裏布用木綿地　ヨコ50×タテ30cm
糸 / コスモ25番刺しゅう糸
　　グリーン634　黄772　白2500
その他 / 接着芯　ヨコ45×タテ25cm

＊紙面の都合上、図案の一部を掲載しています。配置図参照の上、
　図案を配置して完成させます。

配置図

単位：cm

中央　　掲載部分

24　　21

仕立て方

①表布前面に刺しゅうする
②表布(前、後面)の裏に接着芯を貼る
③持ち手用の布を図のように四つ折りにし、
　端にミシンをかけ、持ち手を2本作る

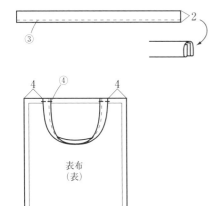

③　2

④表布(前面)の指定の位置に持ち手
　を仮止めする
　後面も同様にする

4　④　4

⑤

裏布
（裏）

⑤④の表面に裏布を中表に重ね、
　上部分を縫う。これを2組作る

裁ち方図　単位：cm

表布…刺しゅう布
裏布…木綿地

本体
表布、裏布、接着芯
各2枚
(接着芯は縫い代不要)

26　　23　　縫い代1cm

持ち手
表布
2枚

30　　8　　縫い代1cm

⑥
表布
（裏・接着芯付き）
表布（表）

裏布
（裏）
裏布（表）

返し口

⑥⑤を2組とも開き中表に合わせ、縫い
　代を開き、返し口を残して周囲を縫う
⑦返し口から表に返し、裏布が表になる
　状態にして、返し口をとじ合わせる

28
⑧

24　　21

表布
（表）

⑧表布が表になるように返し、
　袋口に端ミシンをかける

<レゼーデージー・S＋ボタンホール・S 刺し方>

1　2　3

D

C

A

C

B

D

チェーン・S 634(3)

ボタンホール・S 634(3)

B

C

B

②フレンチナット・S
772(2)

A

①レゼーデージー・S＋
ボタンホール・S 2500(2)
(刺し方参照)

C

A

コンパクトミラー 口絵 p 12

「うたかた」

材料
布 / コスモ1700番フリーステッチ用コットンクロス
　　（41ターコイズグリーン）15×15cm
糸 / コスモ25番刺しゅう糸
　　グレー154・156　ブルー163・166、2211　赤855
その他 / 市販の手芸用コンパクトミラー（角 66×60mm）
　　キルト芯 適宜　厚紙 適宜

「ミモザ」

材料
布 / コスモ1700番フリーステッチ用コットンクロス
　　（4ネイビー）15×15cm
糸 / コスモ25番刺しゅう糸
　　グリーン117　黄2006、2009
その他 / 市販の手芸用コンパクトミラー（丸 66×62mm）
　　キルト芯 適宜　厚紙 適宜

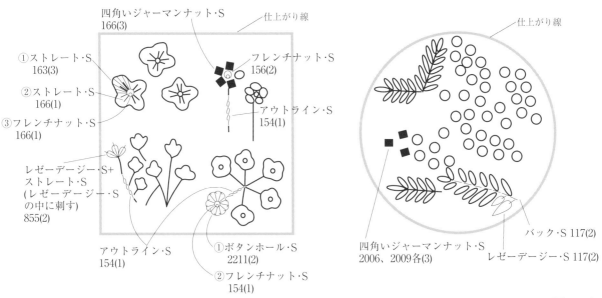

「うたかた」
四角いジャーマンナット・S 166(3)
仕上がり線
①ストレート・S 163(3)
②ストレート・S 166(1)
③フレンチナット・S 166(1)
フレンチナット・S 156(2)
アウトライン・S 154(1)
レゼーデージー・S＋ストレート・S（レゼーデージー・Sの中に刺す）855(2)
アウトライン・S 154(1)
①ボタンホール・S 2211(1)
②フレンチナット・S 154(1)

「ミモザ」
仕上がり線
四角いジャーマンナット・S 2006、2009各(3)
バック・S 117(2)
レゼーデージー・S 117(2)

仕立て方　〈コンパクトミラー角型〉

①表布に刺しゅうする
②1cmの縫い代を残して裁つ
③②の裏に表布、仕上がり線の大きさにカットしたキルト芯と厚紙を順に重ねる。厚紙は上下に両面テープを貼っておく
④表布の角を4ヶ所すべてカットし、上下の布を貼り付ける
⑤④に重ねて左右にも両面テープを貼り、左右の布を角を折り込みながら貼り付ける
⑥ミラー本体に両面テープで貼り付ける

表布(裏)
④カット
厚紙
両面テープ
1cm
キルト芯
表布(表)
両面テープ
厚紙
④
表布(裏)
表布(表)
厚紙
⑤

仕立て方　〈コンパクトミラー丸型〉

①表布に刺しゅうする
②1cmの縫い代を残して裁つ
③周囲をぐし縫いする
④③に仕上がり線の大きさにカットした厚紙とキルト芯を入れて絞る
⑤④に糸を渡して絞り、形を整える
⑥ミラー本体に両面テープで貼り付ける

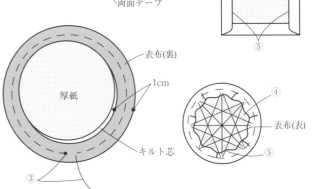

表布(裏)
厚紙
1cm
キルト芯
③
④
表布(表)
⑤

42

カルトナージュボックス 口絵 p 14

＊作品作りに入る前に、カルトナージュボックス
キットを先に購入し、付属の説明書をよくご覧に
なってから、刺し始めてください。

「音色」

材料

布 / 本体ふた(刺しゅう面)：
　　コスモ1700番フリーステッチ用コットンクロス
　　(11ホワイト) ヨコ45×タテ25cm
　　本体外箱、内側：木綿地(ブルー) ヨコ90×
　　タテ25cm
糸 / コスモ25番刺しゅう糸
　　ブルー2212 グリーン326・327 白2500
その他 / 市販の手芸用カルトナージュボックス
　　　　キット(出来上がりサイズ ヨコ10×
　　　　タテ10×高さ8cm) 1個
　　　　キルト芯 適宜

②フレンチナット・S 2500(2)
①フレンチナット・S 2212(3)
　(刺しうめる)
アウトライン・S 326(2)

レゼーデージー・S
326(2)

アウトライン・S
327(1)

仕上がり線

「はまなす」

材料

布 / 本体ふた(刺しゅう面)、外箱：
　　コスモ1700番フリーステッチ用コットンクロス
　　(31スモーキーブルー) ヨコ45×タテ35cm
　　内側：木綿地 ヨコ45×タテ25cm
糸 / コスモ25番刺しゅう糸
　　グリーン118 ピンク424 白2500
その他 / 市販の手芸用カルトナージュボックス
　　　　キット(出来上がりサイズ ヨコ10×
　　　　タテ10×高さ8cm) 1個
　　　　キルト芯 適宜

①チェーンダーニング・S
424(2)

②フレンチナット・S
2500(2)

リーフ・S
118(2)

アウトライン・S
118(2)

フレンチナット・S 424(2)
(刺しうめる)

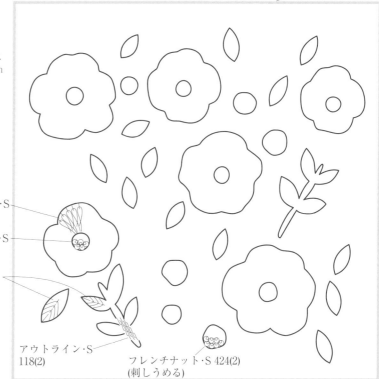

43

オーナメント

口絵 p 13

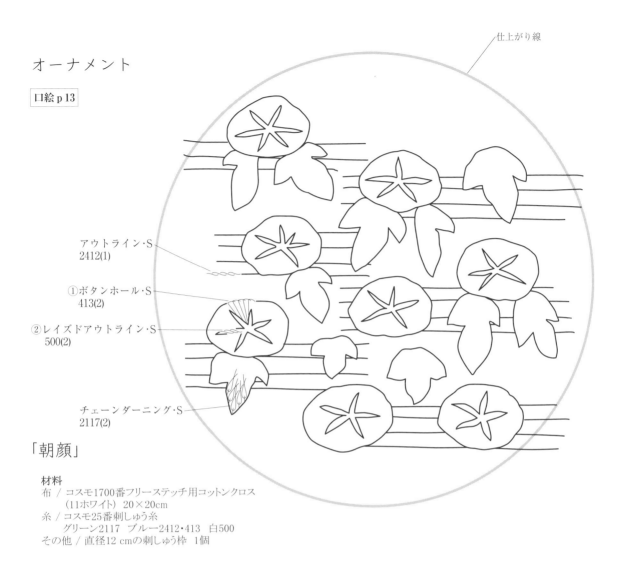

仕上がり線

アウトライン・S
2412(1)

①ボタンホール・S
413(2)

②レイズドアウトライン・S
500(2)

チェーンダーニング・S
2117(2)

「朝顔」

材料
布 / コスモ1700番フリーステッチ用コットンクロス
　　（11ホワイト）20×20cm
糸 / コスモ25番刺しゅう糸
　　グリーン2117　ブルー2412・413　白500
その他 / 直径12cmの刺しゅう枠　1個

仕立て方　　単位：cm

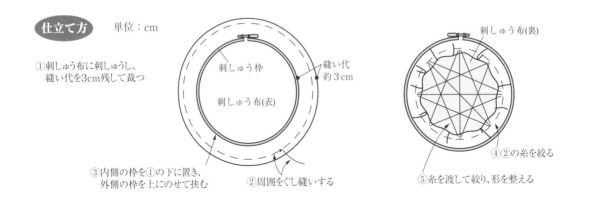

①刺しゅう布に刺しゅうし、
　縫い代を3cm残して裁つ

刺しゅう枠

刺しゅう布(表)

縫い代
約3cm

③内側の枠を①の下に置き、
　外側の枠を上にのせて挟む

②周囲をぐし縫いする

刺しゅう布(裏)

④②の糸を絞る

⑤糸を渡して絞り、形を整える

「のうぜんかずら」

材料
布 / コスモ1700番フリーステッチ用コットンクロス
　　(11ホワイト) 20×20cm
糸 / コスモ25番刺しゅう糸
　　オレンジ187　グリーン324　白500
その他 / 直径10 cmの刺しゅう枠　1個

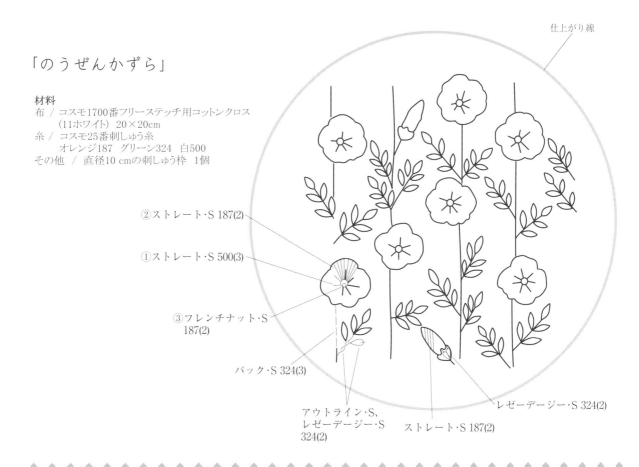

仕上がり線

②ストレート・S 187(2)

①ストレート・S 500(3)

③フレンチナット・S
187(2)

バック・S 324(3)

アウトライン・S、
レゼーデージー・S
324(2)

ストレート・S 187(2)

レゼーデージー・S 324(2)

◆ ◆

なべつかみ　　| 口絵 p 18 |　＊仕立て方は、次頁に掲載

「どくだみ」

材料
布 / コスモ1700番フリーステッチ用コットンクロス
　　(82ストーングレー) ヨコ25×タテ15cm
　　裏布用木綿地(オリーブグリーン) 同寸
糸 / コスモ25番刺しゅう糸
　　グリーン326　黄673　白500
その他 / 接着キルト芯 ヨコ50×タテ15cm
　　　　1cm巾リネンテープ　15cm

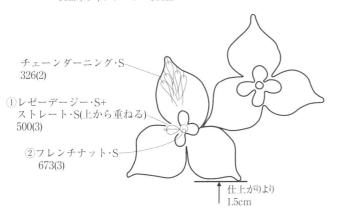

チェーンダーニング・S
326(2)

①レゼーデージー・S+
　ストレート・S(上から重ねる)
　500(3)

②フレンチナット・S
　673(3)

↑仕上がりより
　1.5cm

「ねぎぼうず」

材料
布 / コスモ1700番フリーステッチ用コットンクロス
　　(39オリーブグリーン) ヨコ25×タテ15cm
　　裏布用木綿地(ストーングレー) 同寸
糸 / コスモ25番刺しゅう糸
　　グリーン119　黄701
その他 / 接着キルト芯 ヨコ50×タテ15cm
　　　　1cm巾リネンテープ　15cm

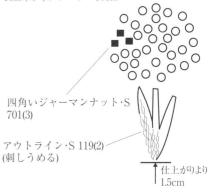

四角いジャーマンナット・S
701(3)

アウトライン・S 119(2)
(刺しうめる)

↑仕上がりより
　1.5cm

なべつかみ 口絵 p 18

＊解説は、前頁に掲載

仕立て方

①表布に刺しゅうする
②①と裏布の裏側に接着キルト芯を貼る
③②を中表に合わせ、弧の部分を縫う

④リネンテープを2枚重ねて端ミシンをかけ、2つ折りにし、表布(表)のテープ付け位置に合わせ、仮止めする

⑤③の縫い代を割りアイロンをかけ、表布と裏布の側面同士をそれぞれ中表に合わせ、返し口を残して縫う

⑥⑤の縫い代を割りアイロンをかけ、表に返す
⑦返し口をまつり、裏布側を入れ込み、アイロンで形を整える

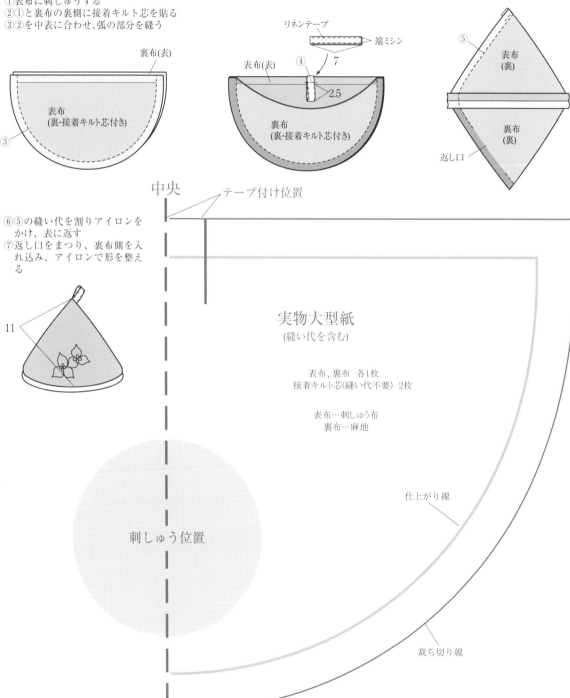

裏布(表)

表布
(裏・接着キルト芯付き)

③

リネンテープ　端ミシン

7

表布(表)

④

2.5

裏布
(裏・接着キルト芯付き)

⑤

表布
(裏)

裏布
(裏)

返し口

11

中央　テープ付け位置

実物大型紙
(縫い代を含む)

表布、裏布　各1枚
接着キルト芯(縫い代不要) 2枚

表布…刺しゅう布
裏布…麻地

刺しゅう位置

仕上がり線

裁ち切り線

ミニ刺しゅう枠　　FF絵 p 4

「ほのか」

材料
布 ／ コスモ1700番フリーステッチ用コットンクロス
　　（11ホワイト）　10×10cm
糸 ／コスモ25番刺しゅう糸　茶386　オレンジ403・405
その他 ／ 市販のミニチュア刺しゅう枠セット（約5.5×6cm）　1個

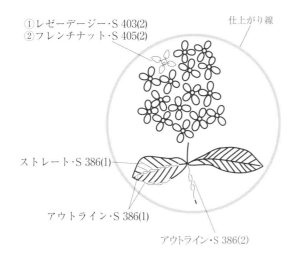

①レゼーデージー・S 403(2)
②フレンチナット・S 405(2)

仕上がり線

ストレート・S 386(1)

アウトライン・S 386(1)

アウトライン・S 386(2)

「すずらん」

材料
布 ／ コスモ1700番フリーステッチ用コットンクロス
　　（71マスタード）　10×10cm
糸 ／コスモ25番刺しゅう糸　グレー2154　白2500
その他 ／ 市販のミニチュア刺しゅう枠セット（約4×4.5cm）　1個
　　　　　キーホルダー金具　1個

アウトライン・S 2154(2)

サテン・S 2500(2)

①アウトライン・S 2154(2)
（刺しうめる）

仕上がり線

②レイズドアウト
ライン・S 2500(2)

フレンチナット・S
2500(2)

＊「ほのか」と「すずらん」は市販のミニチュア刺しゅう枠セットを使
　用しました。付属の説明書をよくご覧になってから、加工を始め
　てください。

「木の実」

＊仕立て方は、44頁に掲載

材料
布 ／ コスモ1700番フリーステッチ用コットンクロス（11ホワイト）　15×15cm
糸 ／ コスモ25番刺しゅう糸　赤245、857　茶467　グリーン534A、685
その他 ／ 直径8cmの刺しゅう枠　1個

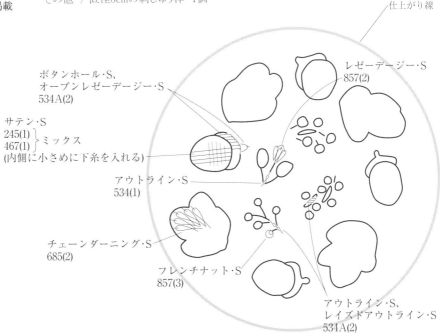

仕上がり線

ボタンホール・S、
オープンレゼーデージー・S
534A(2)

レゼーデージー・S
857(2)

サテン・S
245(1)
467(1)　ミックス
（内側に小さめに下糸を入れる）

アウトライン・S
534(1)

チェーンダーニング・S
685(2)

フレンチナット・S
857(3)

アウトライン・S、
レイズドアウトライン・S
534A(2)

②リーフ・S
168(2)

①ロングアンド
ショート・S (2)

①ストレート・S (2)

①ストレート・S (2)
★

①チェーンダーニング・S (2)

アウトライン・S (2)
(茎は全て同様)

サテン・S (2)

②フレンチナット
ダーニング・S
168(2)

②アウトライン・S
168(2)

②四角い
ジャーマン
ナット・S
168(3)

アウトライン・S (2)
(刺しうめる)

ストレート・S (2)

アウトライン・S (1)

チェーン
ダーニング・S (2)

①チェーン
ダーニング・S (1)

②フレンチ
ナット・S
168(2)

*指定以外は、全て2500で刺します

中央

リーフ・S (2)

ストレート・S (1)

オープンレゼー
デージー・S (2)

アウトライン・S
(2)

③フレンチ
ナット・S
168(2)

②ストレート・S
168(2)

フレンチ
ナット・S (2)

ジャーマン
ナット・S (2)

①ストレート・S (2)

レゼーデージー・S＋
ストレート・S(上から重ねる) (2)

フレンチナット・S
168(2)

アウトライン・S (2)

①チェーン
ダーニング・S (2)
②ストレート・S (1)

48

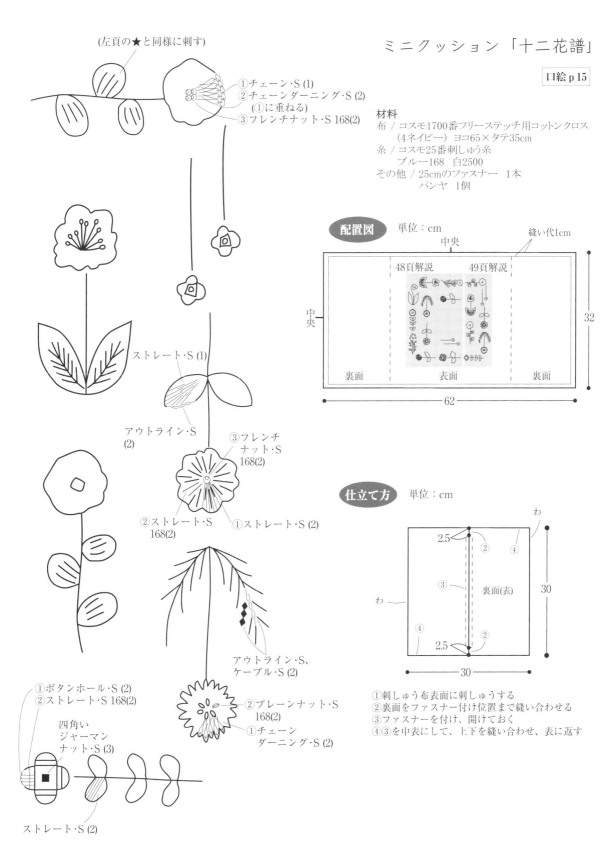

（左頁の★と同様に刺す）

ミニクッション「十二花譜」

口絵 p 15

①チェーン・S (1)
②チェーンダーニング・S (2)
（①に重ねる）
③フレンチナット・S 168(2)

材料
布 / コスモ1700番フリーステッチ用コットンクロス
　　（4ネイビー）ヨコ65×タテ35cm
糸 / コスモ25番刺しゅう糸
　　ブルー168　白2500
その他 / 25cmのファスナー　1本
　　　　パンヤ　1個

配置図　単位：cm

縫い代1cm

中央

48頁解説　　49頁解説

中央

裏面　　表面　　裏面

32

62

ストレート・S (1)

アウトライン・S
(2)

③フレンチ
　ナット・S
　168(2)

②ストレート・S
　168(2)

①ストレート・S (2)

仕立て方　単位：cm

わ

2.5　②　④

③　裏面(表)　　30

わ

④　②

2.5

30

①刺しゅう布表面に刺しゅうする
②裏面をファスナー付け位置まで縫い合わせる
③ファスナーを付け、開けておく
④③を中表にして、上下を縫い合わせ、表に返す

アウトライン・S、
ケーブル・S (2)

①ボタンホール・S (2)
②ストレート・S 168(2)

②プレーンナット・S
　168(2)

①チェーン
　ダーニング・S (2)

四角い
ジャーマン
ナット・S (3)

ストレート・S (2)

49

ポットマット、コースター「風船かずら」 口絵 p 16

〈コースター〉
材料
布 / コスモ1700番フリーステッチ用コットンクロス
　　（39オリーブグリーン）15×15cm
　　裏面用木綿地　同寸
糸 / コスモ25番刺しゅう糸
　　赤345　グリーン535　黄771
その他 / 接着芯　15×15cm

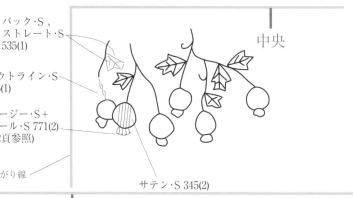

バック・S、
ストレート・S
535(1)

アウトライン・S
535(1)

レゼーデージー・S＋
ボタンホール・S 771(2)
(刺し方32頁参照)

サテン・S 345(2)

仕上がり線

中央

仕上がり線

中央

 中央

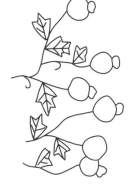

〈ポットマット〉
材料
布 / コスモ1700番フリーステッチ用コットンクロス
　　（11ホワイト）25×25cm
　　裏面用木綿地　同寸
糸 / コスモ25番刺しゅう糸
　　赤345　グリーン535　黄771
その他 / キルト芯　20×20cm

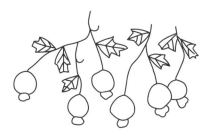

＜コースター＞

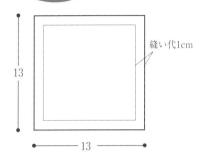

13

13

縫い代1cm

表布
裏面用布
接着芯(縫い代不要)
各1枚

表布…刺しゅう布
裏面用布…木綿地

仕立て方

①表布に刺しゅうする
②①の裏側に接着キルト芯を貼る

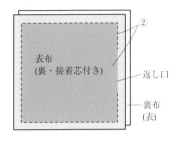

③②と裏面用布を中表に合わせ、
返し口を残して縫う

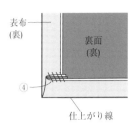

④③の縫い代を仕上がり線から裏面側
に1周倒し、アイロンをかけ、角4カ
所の縫い代同士を縫い止める

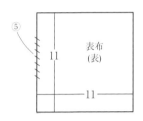

⑤④を表に返して角を整え、
返し口をまつる

＜ポットマット＞

裁ち方図　単位：cm

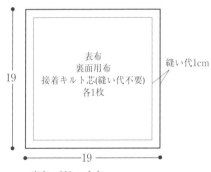

19

19

縫い代1cm

表布
裏面用布
接着キルト芯(縫い代不要)
各1枚

表布…刺しゅう布
裏面用布…木綿地

仕立て方

①表布に刺しゅうする
②①の裏側に接着キルト芯を貼る
③②と裏面用布を中表に合わせ、返し口を残して縫う
④③の縫い代を仕上がり線から裏面側に1周倒し、アイロンをかけ、
　角4カ所の縫い代同士を縫い止める
⑤④を表に返して、返し口をまつる

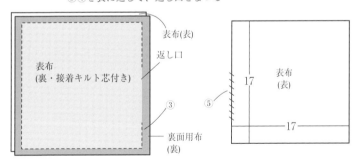

ファスナーポーチ「木いちご」　口絵 p 10　＊解説・仕立て方は、38頁に掲載

タッセルの作り方

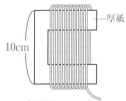

10cm

厚紙

❶厚紙に731(6)を
約12回巻く

❷731(6)で糸の束の
中央をきつく結ぶ

❸糸の束を2の結び目で
二つ折りにし、房の上部を
N5(1)できつく結ぶ

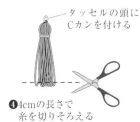

タッセルの頭に
Cカンを付ける

❹4cmの長さで
糸を切りそろえる

マグネット　　　口絵 p 19

「花手帖」
材料
布 / コスモ65100番ジャバクロス65
　　（90ビンテージブルー）10×10cm
糸 / コスモ25番刺しゅう糸　ブルー2167　白2500
その他 / くるみボタンパーツ（4cm）、磁石　各1個
　　　　フェルト　適宜

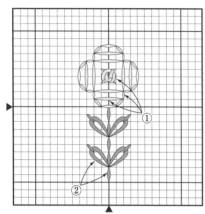

①四角いジャーマンナット・S、
　ストレート・S、バック・S 2500(3)
②バック・S、レゼーデージー・S 2167(3)

「霜」
材料
布 / コスモ65100番ジャバクロス65
　　（89フローズンブルー）10×10cm
糸 /コスモ25番刺しゅう糸　白2500
その他 / くるみボタンパーツ（4cm）、磁石　各1個
　　　　フェルト　適宜

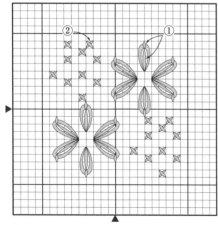

①ストレート・S+レゼーデージー・S
②クロス・S

＊糸は全て2500(4)で刺します

「雪中花」
材料
布 / コスモ65100番ジャバクロス65
　　（10オフホワイト）10×10cm
糸 / コスモ25番刺しゅう糸　ブルー2214、523
その他 / くるみボタンパーツ（4cm）、磁石　各1個
　　　　フェルト　適宜

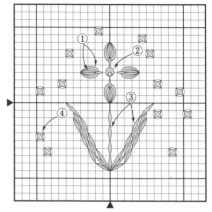

①ストレート・S（2回刺す）+レゼーデージー・S
　（ストレート・Sを囲む）2214(2)
②フレンチナット・S 2214(2)
③バック・S 2214(2)
（①～③をつづけて刺す）
④クロス・S+バック・S（クロス・Sを囲む）523(2)

「三色だんご」
材料
布 / 黒:コスモ65100番ジャバクロス65
　　　　（1ブラック）10×10cm
　　　白:コスモ65100番ジャバクロス65
　　　　（10オフホワイト）10×10cm
糸 /コスモ25番刺しゅう糸
　　　紫262　グリーン2317　ベージュ364
その他 / くるみボタンパーツ（4cm）、磁石　各1個
　　　　フェルト　適宜

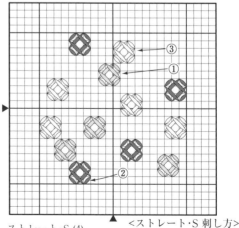

ストレート・S (4)
(刺し方参照)
①262
②2317
③364

<ストレート・S 刺し方>

「かぞえ歌」
材料
布 / コスモ65100番ジャバクロス65
　　(10オフホワイト) 10×10cm
糸 / コスモ25番刺しゅう糸 ピンク654
その他 / くるみボタンパーツ(4cm)、磁石 各1個
　　　 フェルト 適宜

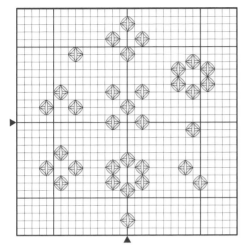

クロス・S＋バック・S (クロス・Sを囲む)
654(3)

「ことほぎ」
材料
布 / コスモ65100番ジャバクロス65
　　(70カスタード) 10×10cm
糸 / コスモ25番刺しゅう糸 赤241A グリーン633
その他 / くるみボタンパーツ(4cm)、磁石 各1個
　　　 フェルト 適宜

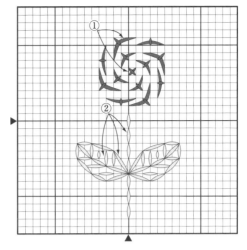

①クロス・S、オープンレザーデージー・S
　241A(4)
②バック・S、ストレート・S 633(3)

 仕立て方 ①刺しゅう布に刺しゅうをし、それぞれのくるみボタンパーツに合わせ
周囲に約2cmの縫い代を付けてカットする

丸、四角共、仕立て方はすべて同様

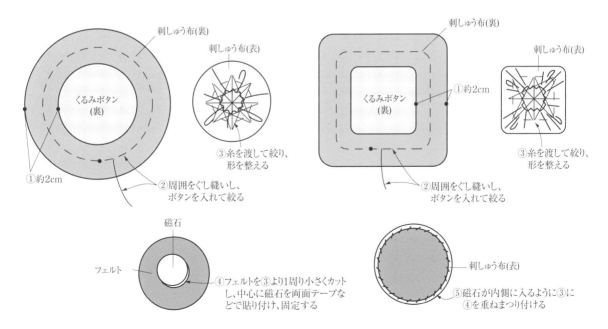

ニードルブック「花額装」 口絵 p 20

＊材料は、35頁に掲載

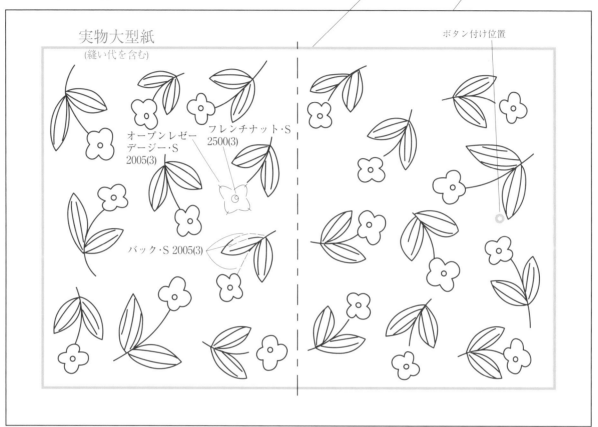

仕上がり線

裁ち切り線

実物大型紙
(縫い代を含む)

ボタン付け位置

オープンレゼー
デージー・S
2005(3)

フレンチナット・S
2500(3)

バック・S 2005(3)

裁ち方図

単位:cm

表布…刺しゅう布
1枚

接着芯 1枚
(縫い代不要)

縫い代1cm

11

16

裏布…木綿地
1枚

縫い代1cm

10.5

15.5

針刺し…
フェルト
1枚

7.5

わ

12

仕立て方

①表布に刺しゅうをし、裏に接着芯を貼る

②①と裏布の角を順に折り、それぞれ額縁仕立てにする

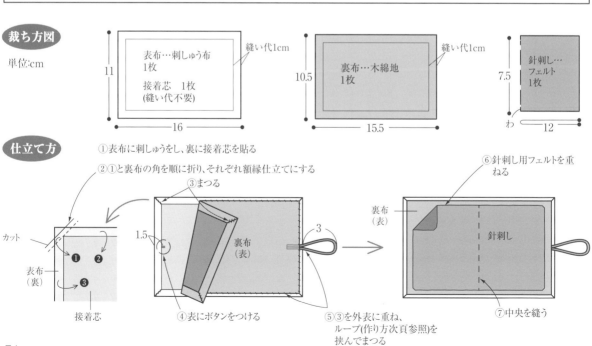

③まつる

カット

表布
(裏)

接着芯

❶ ❷

❸

1.5

裏布
(表)

3

④表にボタンをつける

⑤③を外表に重ね、
ループ(作り方次頁参照)を
挟んでまつる

⑥針刺し用フェルトを重
ねる

裏布
(表)

針刺し

⑦中央を縫う

54

ピンクッション「花数字」 口絵 p 20

材料
布 / コスモ1700番フリーステッチ用コットンクロス（41ターコイズグリーン）　15×15cm
　　裏面用木綿地　15×15cm
糸 / コスモ25番刺しゅう糸
　　グレー151　赤345、467　グリーン632　黄701・2702　ブルー980　白2500
その他 / 手芸用綿　適宜

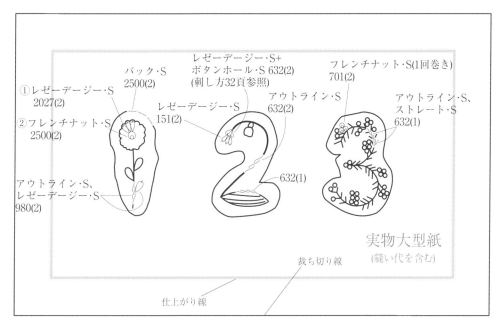

バック・S
2500(2)

レゼーデージー・S+
ボタンホール・S 632(2)
(刺し方32頁参照)

フレンチナット・S(1回巻き)
701(2)

① レゼーデージー・S
2027(2)

② フレンチナット・S
2500(2)

レゼーデージー・S
151(2)

アウトライン・S
632(2)

アウトライン・S、
ストレート・S
632(1)

アウトライン・S、
レゼーデージー・S
980(2)

632(1)

実物大型紙
(縫い代を含む)

裁ち切り線

仕上がり線

裁ち方図 単位:cm

表布
裏面用布
各1枚

表布…刺しゅう布
裏面用布…木綿地

縫い代1cm

8

13

仕立て方 ①表布に刺しゅうする

②①と裏布を中表に合わせ、返し口を残し
て縫い、縫い代を仕上がり線から裏面
側に1周倒し、アイロンをかけておく

③②を表に返して形を整え、
綿を入れ、返し口をまつる

綿

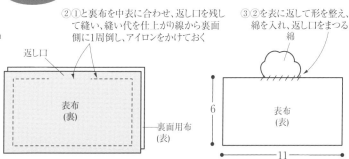

返し口

表布
(裏)

裏面用布
(表)

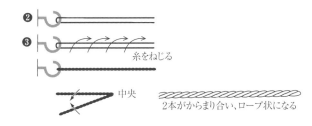

表布
(表)

6

11

ループの作り方
❶564(6)を60cmにカットする
❷❶の中央をフックなどにかける
❸糸端を同方向にねじり、これ以上ねじれなくなったら、
　糸の中央を持って半分に折るようにしながら、片側を
　フックからゆっくりとはずす
　糸が自然にからみ合い、ロープ状になる。

❷

❸　糸をねじる

中央

2本がからまり合い、ロープ状になる

ビスコーニュ 「道草」

口絵 p 21

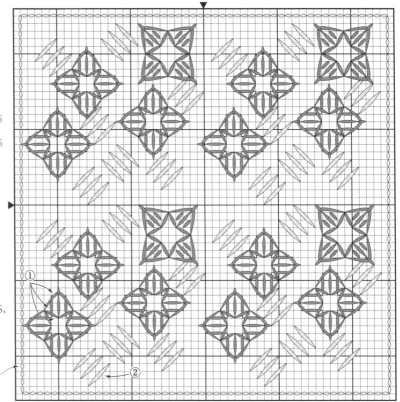

材料

布 / 表面:コスモ65100番ジャバクロス65
　　　　(10オフホワイト) 15×15cm
　　　裏面:コスモ65100番ジャバクロス65
　　　　(54ノーブルグレー) 同寸
糸 / コスモ25番刺しゅう糸
　　　グリーン316A、632
その他 / ビーズ 2個
　　　　手芸用綿 適宜

表面
①ストレート・S、
　オープンレゼーデージー・S、
　バック・S 632(2)
②ストレート・S 316A(3)

表面、裏面共通
周りのバック・S 316A(2)

「窓辺」

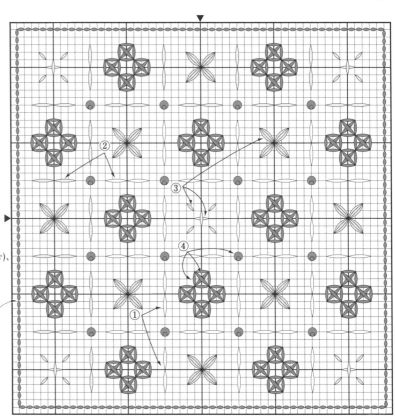

材料

布 / 表面:コスモ65100番ジャバクロス65
　　　　(10オフホワイト) 15×15cm
　　　裏面:コスモ65100番ジャバクロス65
　　　　(90ビンテージブルー) 同寸
糸 / コスモ25番刺しゅう糸
　　　ブルー166 グリーン684
その他 / ビーズ 2個
　　　　手芸用綿 適宜

表面
①バック・S 684(2) (タテに刺す)
②バック・S 684(2) (ヨコに刺す)
③クロス・S、ストレート・S、
　プレーンナット・S 684(2)
④クロス・S+バック・S (クロス・Sを囲む)、
　フレンチナット・S 166(3)

表面、裏面共通
周りのバック・S 684(2)

「花格子」

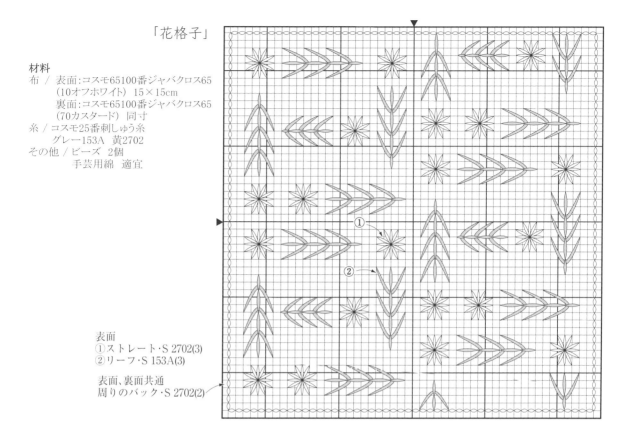

材料

布 / 表面：コスモ65100番ジャバクロス65
　　　　（10オフホワイト）15×15cm
　　　裏面：コスモ65100番ジャバクロス65
　　　　（70カスタード）同寸
糸 / コスモ25番刺しゅう糸
　　　グレー153A　黄2702
その他 / ビーズ 2個
　　　　手芸用綿 適宜

表面
①ストレート・S 2702(3)
②リーフ・S 153A(3)

表面、裏面共通
周りのバック・S 2702(2)

仕立て方

①表面に刺しゅうする
②裏面は、表面同様周りのバック・Sをする
③①、②共、周りのバック・Sに沿って縫い代を裏側
　に折り、折り目をつけておく。縫い代は5mm位に
　カットする
④表面の中央と裏面の角を合わせ、周りのバック・S
　をすくいながら、周りのバック・Sと同様の糸(2)で
　はぎ合わせる（別図参照）
⑤3辺をはぎ合わせたら中に綿を詰め、残りの1辺を
　はぎ合わせる
⑥表面と裏面の中心に針を通し、両側にビーズをつ
　けて引き締める

④別図

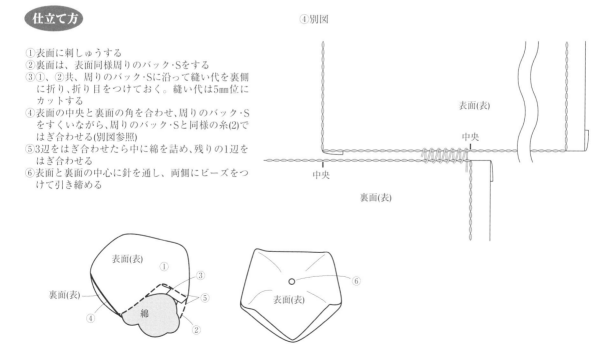

ブックカバー「押し花」 口絵 p 23

＊糸は全て500で刺します

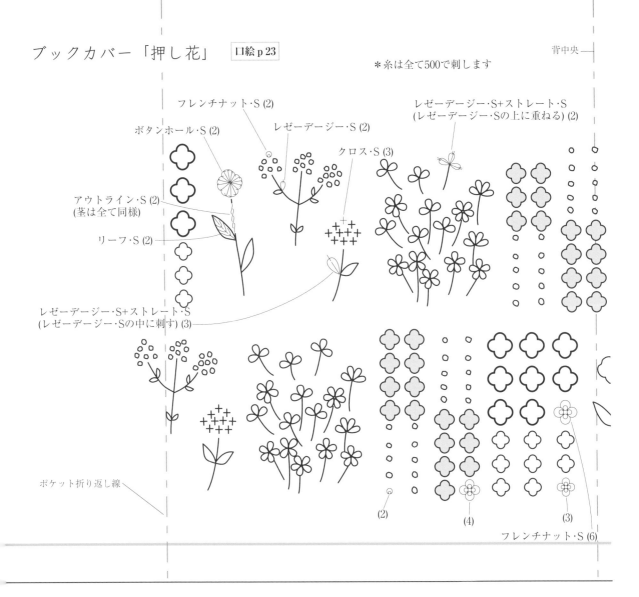

フレンチナット・S (2)

ボタンホール・S (2)

レゼーデージー・S (2)

レゼーデージー・S+ストレート・S
(レゼーデージー・Sの上に重ねる) (2)

クロス・S (3)

アウトライン・S (2)
(茎は全て同様)

リーフ・S (2)

レゼーデージー・S+ストレート・S
(レゼーデージー・Sの中に刺す) (3)

ポケット折り返し線

(2)

(4)

(3)

フレンチナット・S (6)

裁ち方図　　表布…刺しゅう布
　　　　　　　裏布…木綿地

単位：cm

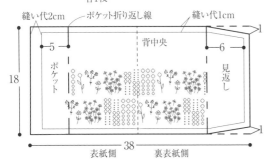

表布、接着芯
各1枚

縫い代2cm　　ポケット折り返し線　　縫い代1cm

5

背中央

6

18

ポケット

見返し

38

表紙側　　裏表紙側

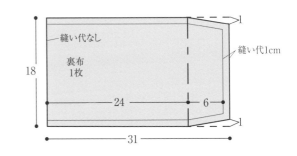

縫い代なし

裏布
1枚

縫い代1cm

18

24

6

31

材料
布 / 麻布(薄グリーン) ヨコ40×タテ20cm
　　　裏布用木綿地　ヨコ35×タテ20cm
糸 / コスモ25番刺しゅう糸　白500
その他 / 1cm巾リボン　20cm
　　　　接着芯　ヨコ40×タテ20cm

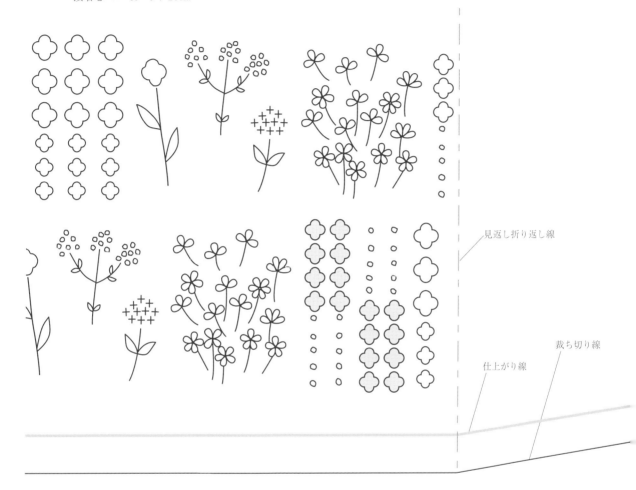

見返し折り返し線

仕上がり線

裁ち切り線

仕立て方

①表布に刺しゅうする
②①の裏に接着芯を貼る
③ポケット口の縫い代を1cm巾の3つ折りにし、ミシンをかける
④③をポケット折り返し線で中表に折る
⑤④と裏布を図のように重ね、間に見返し押さえ用リボンを挟み
　込み、ポケット側以外の三方を縫い合わせて、表に返す

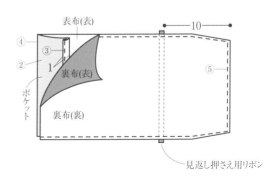

表布(表)

10

裏布(表)

裏布(裏)

ポケット

見返し押さえ用リボン

フォトフレーム「休日」 口絵 p 22

＊作品作りに入る前に、カルトナージュフォトフレーム
キットを先に購入し、付属の説明書をよくご覧になって
てから、刺し始めてください。

材料
布 / 刺しゅう面、表紙：コスモ1700番フリーステッチ用コットンクロス(93ペールグレー) ヨコ45×タテ35cm
　　　裏表紙、蝶番：コスモ1700番フリーステッチ用コットンクロス(39オリーブグリーン) ヨコ35×タテ20cm
糸 / コスモ25番刺しゅう糸 黄2702 グリーン633
その他 / 市販の手芸用カルトナージュフォトフレームキット(出来上がりサイズ 片面：幅13×高さ17cm×奥行0.8cm) 1個

① レゼーデージー・S
　 2702(1)

② フレンチナット・S
　 2702(1)

アウトライン・S
633(1)

仕上がり線

60

しおり 　口絵 p 23

＊紙面の都合上、図案の一部を掲載しています。
　写真参照の上、図案を繰り返して完成させます。

＊材料は、35頁に掲載

「ひだまり」

方眼1マス＝布糸2本×2本

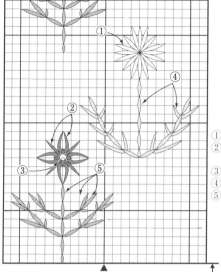

❶ストレート・S 2005(3)
❷バック・S、
　レゼーデージー・S 633(3)

①ストレート・S 2299(3)
②レゼーデージー・S、
　ストレート・S 106(3)
③フレンチナット・S 2500(2)
④バック・S、リーフ・S 564(3)
⑤バック・S、ストレート・S 566(3)

底中央より1.5cm

「のげし」

方眼1マス＝布糸2本×2本

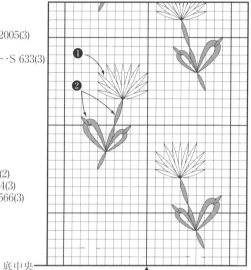

底中央

裁ち方図

単位:cm

縫い代0.6cm

2.5

12.5 前面

底 中央

12.5 後面

縫い代0.6cm

仕立て方

①刺しゅうテープの前面に刺しゅうし、上下の縫い代をまつっておく

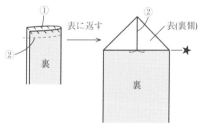

表に返す

表(裏側)

裏

裏

③後面端の縫い代の角を
　外表に折り、☆の位置
　に合わせ、とじ付ける

裏

②前面上部を中表に2つ折り
　にし、縫い合わせ、表に返す

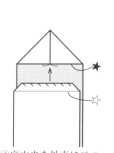

④底中央を外表に二つ
　折りにし、②に③を
　刺し込む

7.5

⑤★と☆を合わせて
　とじ付ける
⑥表にひびかないよ
　う両端を縫い合わ
　せる
⑦572(3)を80cmに
　カットし、55頁の
　ループの作り方を
　参照して紐を作る
⑧⑦をしおりの先端
　に通し、先を結んで
　切り揃える

メッセージカード 口絵 p 24

「花筏」

材料
布 / コスモ1700番フリーステッチ用コットンクロス
　　（11ホワイト）15×15cm
糸 / コスモ25番刺しゅう糸　ピンク2480
その他 / 接着芯　15×15cm
　　　　厚手色紙(黄緑)　ヨコ35×タテ15cm

＊糸は全て2480(2)で刺します

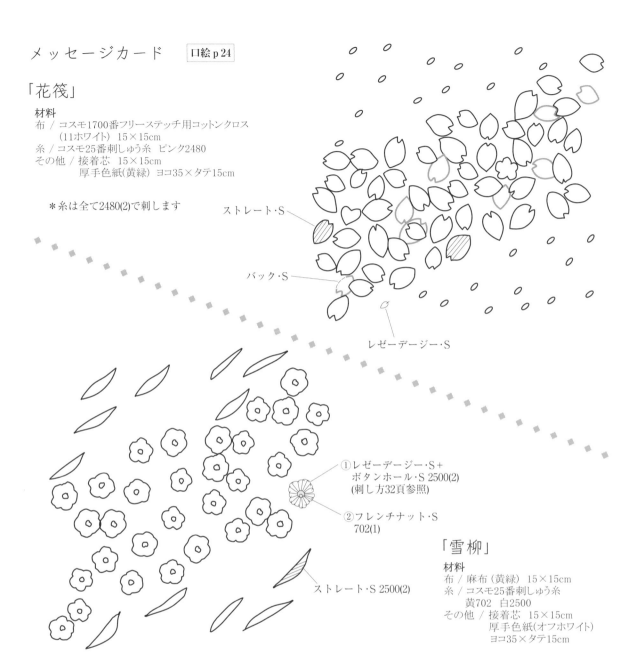

ストレート・S

バック・S

レゼーデージー・S

① レゼーデージー・S＋
　 ボタンホール・S 2500(2)
　 (刺し方32頁参照)

② フレンチナット・S
　 702(1)

ストレート・S 2500(2)

「雪柳」

材料
布 / 麻布（黄緑）15×15cm
糸 / コスモ25番刺しゅう糸
　　　黄702　白2500
その他 / 接着芯　15×15cm
　　　　厚手色紙(オフホワイト)
　　　　ヨコ35×タテ15cm

 仕立て方　単位：cm

① 刺しゅう布に刺しゅうし、裏面に
　接着芯を貼る
② 厚手色紙をカットして、窓を作る
③ 写真参照の上、①を②の窓枠より少
　し大きめにカットし、両面テープ
　で裏から厚紙に貼り付ける
④ 窓枠の右側の厚紙を裏に折り畳み、
　刺しゅう布の裏側が隠れるように、
　両面テープで貼り付ける

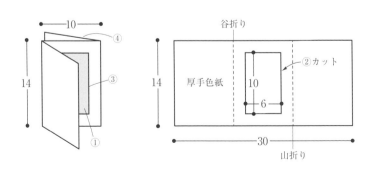

「星あかりの刺繍手帖」シリーズ

戸塚刺しゅう×星燈社 **星あかりの刺繍手帖**

今に馴染む暮らしを提案するブランド「星燈社」の図案を刺しゅうで表現しました。
日本の四季から生まれる、手描きならではのゆるやかな図案を、図案を写さずに布目に沿って刺していく「地刺し」と、図案を写して刺していく「自由刺し」の2種類で表現しています。
難しいステッチは使っていないので、初心者の方にもおすすめの1冊です。

●定価:1,540円
　（本体1,400円+税10%）
●ISBN978-4-7672-0665-3
●JAN4560363342293

●A5判(148mm×210mm)
　ソフトカバー付き
●96頁(カラー46頁)
●作品点数:41点
●全点解説付き

戸塚刺しゅう×星燈社 **星あかりの刺繍手帖 2**

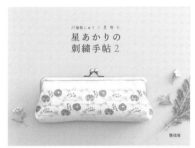

大人気本の第2弾です。
1巻同様、難しいステッチは使っていないので、初心者の方にもおすすめです。
小物入れ、ミニバッグ、ブックカバー、タオルハンカチなど、人気のアイテムをさらに豊富に
掲載していますので、アレンジの幅が広がります。

●定価:1,540円
　（本体1,400円+税10%）
●ISBN978-4-7672-0668-4
●JAN4560363342385

●A5判(148mm×210mm)
　ソフトカバー付き
●100頁(カラー47頁)
●作品点数:41点
●全点解説付き

「星あかりの刺繍手帖」「星あかりの刺繍手帖2」では、
図案の名前とともにそれぞれに寄せた文章を掲載しています。ひとつひとつの図案に込められた思いを素敵な言葉でお楽しみください。

散歩道　how to make n.65

散歩の途中でふと道端に目を落とすと、
雑草の中にかわいい小花と実。
それを摘んで帰るかわりに、「散歩道」の図案。

とつかし　　　　　　せいとうしゃ　　　　　　ほし　　　　　　　　ししゅうてちょう
戸塚刺しゅう×星燈社　　星あかりの刺繍手帖スタイルブック

2023年11月20日　初版第1刷発行

■編集人　岩永 幸

■発行人　戸塚康一郎

■発行所　株式会社 啓佑社

　〒112-0014　東京都文京区関口 1-8-6 メゾン文京関口II 403号
　TEL.03-3268-2418(代表)　FAX.03-3267-0949

■印刷　株式会社シナノ

本誌掲載のものを複製頒布・転載することは禁じられています。
万一、落丁、乱丁がありましたら、お取り換えいたします。

ホームページ　http://www.keiyu-sha.co.jp/

Staff

企画／株式会社 啓佑社
企画協力／戸塚 薫
図案／株式会社 星燈社
作品制作／有住 昌子　加藤 正恵　株式会社 啓佑社
撮影／木下 大造
スタイリング／西森 萌
協力／株式会社ルシアン　株式会社星燈社
材料協力／株式会社たけみや　内藤商事株式会社
　　　　　日本紐釦貿易株式会社
作品仕立て／保立 恵美子　石井 理江　矢野 順子
作り方解説／小木曽 奈々
編集担当／見田 郁代

https://www.instagram.com/keiyusha/